天下雜誌
觀念領先

新裝紀念版

稻盛和夫

一個想法，改變人生

Kazuo Inamori

稻盛和夫 著　葉小燕 譯

考 え 方 ひ と つ で 人 生 は 変 わ る

稻盛和夫 一個想法，改變人生（新裝紀念版）⊙ 目錄

第8章 人人皆能幸福的經營

前言
獻給今後百年、與百年以後的各位——

稻盛和夫

從今開始的一百年後，想必時代會有極大的轉變。

人類的生命是否得以延續，完全仰賴今後一百年內的年輕朋友們一肩挑起。

一百年後，我想地球上的人口恐怕已經超過一百億了。這一百億人，是否能夠守護這個地球？

現今的環境、地球暖化已然成為問題，人類在跨越那樣的難關後，為了繼續存活在地球上，恐怕將面臨種種艱難的局面。

人類的欲望今後也會無止境擴張，糧食、能源的爭奪……等等，整個世界肯定不得安穩。因此，一百年後，我認為對各位來說最重要的應該是擁有高尚而美好的心性。

人類具有「利己之心」與「利他之心」。「只求自己安好」的利己之心，與疼惜關愛他人的利他之心是共存的。

一百年後的各位能捨棄利己之心，在為眾人、為周遭他人付出的利他之心上有所醒悟，為了要養育這些增加的人口，必須共享地球上日漸缺乏的資源與能源。我認為，一百年後，正是人類心靈面臨最大考驗的時刻。

在那之前，人類若能培養出高尚美好的心靈，相信是可以安然度過難關的。

不過，要是任由「只求自己安好」的利己之心為所欲為，想必人類將迎來互相強取豪奪的悲慘景象。

今後的一百年內，如何改變人們的心靈，或許可說是人類要面對的課題。

本書述說的，是我個人在人生中所經歷過、透過經驗所思慮過的內容。若能藉由我的人生，讓今後百年、與百年之後的各位，對自己的人生或生活方式有一番省思，實屬萬幸。

二〇一五年三月

第1章

人生視想法而定

決定人生的三要素

——相信無論是誰都想要在人生、工作及學業表現上有好結果。稻盛先生構思出一個展現人生或工作結果的方程式，據說只要將三項要素相乘就能算出人生的結果？

我認為，人生或工作的結果是以下面這項方程式來決定。

人生・工作的結果＝想法（理念）×熱忱×能力

這個方程式，是針對「即使個人能力普通，有沒有什麼方法可以度過卓越的人生」這樣的提問，透過我個人的體驗所構思出來的。

首先第一個要素是「能力」。

我在鄉下地方的大學畢業後進入社會。雖然拚命用功讀書，自認為還算優秀，可是相較於那些以優異成績畢業於一流大學的人，我認為自己在學識上的能力好像並不是那麼傑出。不過我想，人生不是單憑能力決定，應該還有其他的要素才是。

因此，第二項要素就是「熱忱」。

為了要度過這段人生，自己究竟擁有多大的熱忱，這是相當重要的一點。

所以我決定付出不輸給任何人的努力。我的能力或許並不強，但唯有熱忱，我不想要輸給任何人。

我說這是「不亞於任何人的努力」。雖然大家都說自己「正在努力中」，但那種程度的努力是不夠的，「是不是真正付出不亞於任何人的努力」的熱忱強度非常重要。

——您是說，即使自認為沒有「能力」，但只要擁有「熱忱」就能扳回相當的頹勢嗎？

是的，沒錯。能力是從零分到一百分，熱忱也是從零分到一百分。以我個人來說，能力並不是那麼好，假設是一般程度的六十分好了。

至於熱忱，因為我打算比別人加倍努力，大約是九十分左右。所以就是六十乘以九十而得到的數字（五千四百）。

另一方面，有個人是以優異的成績由一流大學畢業。這個人的能力超群，有九十分。只是他對於自己的能力出眾感到得意洋洋，付出的努力在常人之下。如果說，熱忱只有四十分的話，那就是九十乘以四十（三千六百）。結果斷然改變了。

即使有自己不擅長的部分，憑靠意志還是可以改變。我認為，就是因為比他人燃燒更加倍的熱忱。

想法改變人生

但是比起「能力」與「熱忱」，更為重要的要素是「想法／理念」。這是個人所持有的人生觀、價值觀或是哲學思想，也是內心所抱持的思考方式。

對於事情是否進展順利，有人會非常擔心，帶著悲觀的想法。但是另一方面，有人則態度樂觀，認為一切都會安好，全都因人而異。

有些人會因為自己所處的環境惡劣，不知能否在如此矛盾的世上好好活著並且認真工作，因而變得卑屈。也有些人即使現在貧苦艱困，卻為了養活家人而正面積極地努力奮鬥。

換句話說，想法／理念這種東西，可以從負數一百到正數一百。相對於能力與熱忱只有從零到一百的正數，想法／理念連負數都有。

憤世嫉俗、懷恨抱怨，否定光明正大的生活方式；負面退縮、虛偽不實，活得不認真。如果個人持有惡劣的想法，當他的能力愈強、熱忱愈高，在人生或工作上的結果就會形成愈大的負數。

——您是說，即使能力與熱忱比別人還高，卻會因為想法而變成極大的負數，是吧？

單憑一個想法，人生就會為之一變。

所謂好的想法，就是正向、積極、具有建設意義；擁有與他人攜手同行、和睦相處的協調能力。心中充滿善意，體貼、溫和、坦誠、認真，不惜一切盡最大的努力。不自私利己，不心存貪念，並且抱持感謝的心。

當初我在找工作的時候，轉了念頭：「雖然學生時代考試失敗，還罹患了肺結核，無論做什麼事都不順利，但今後的人生，或許神明將賜給我幸運。我不該捨棄希望，要積極正向去過日子。」在緊要關頭站穩了腳步。結果，經由老師的引薦，進入京都某公司任職，開創了一條新的人生道路。

正向積極、擁有開朗的心境，持續抱持這樣的想法，即使身處時運不佳的環境下，也能跨越難關。就算能力低下、遭逢逆境，一旦認定前方有美好的將來在等待，僅只如此，人生就會有良好發展。絕對不可以認為自己將來會倒楣。我認為，相信幸福的未來極為重要。

所謂的人生，將隨著我們的心念改變。只要擁有高尚美好的想法，人生也會一帆風順。

第2章
挫折中求鍛鍊、知遇下受扶持

中學考試受挫的孩子王

——稻盛先生自少年時期到出社會為止的那段日子，是在戰亂空襲、考試失敗、病痛等一連串艱難的逆境中熬過來的。不知其中讓您感到最艱辛的經歷是什麼？雖然每件事想必都很難熬。

第二次世界大戰結束時，我十三歲。鹿兒島因為空襲而燒成一片灰燼，老家也全都燒光了。

我們家開設印刷廠，原本是相對富裕的家庭，但是房子和工廠全都因為空襲燒光了，這下子真的窮到連生活都有困難。

一九四四年（昭和十九年）春天，我從鹿兒島市立西田小學畢業，參加了中學考試。我身邊的同學說想要去讀當地的名校——鹿兒島第一中學（一中，現為縣立鶴丸高中）。

櫻島與空襲中燒得滿目瘡痍的鹿兒島市區。（攝影／平岡正三郎氏）

我這個調皮搗蛋的孩子王，聽到比自己還弱的人要去考中學，身為帶頭大哥的我怎麼可以不去，於是同樣也參加了一中的考試。當時我根本沒有用心讀書，輕率地想著，沒事、拚一下就行了。

級任老師盯上我：「你這傢伙淨會搗蛋惡作劇。」還對我說：「你絕對考不上一中的。」然後在我的志願申請調查表上似乎也沒寫什麼好話，結果我沒考上。

於是沒辦法，我到那些小學畢業的孩子們要進入的普通高等小學（當時改稱為國民學校高等科）就讀，打算隔年再度參加一中的考試。每當見到過去那些聽自己使喚的小嘍囉們身穿一中制服在路上走著，心裡苦澀悲慘的感覺，到現在我都還記得。

別放棄！還有路可走

如同當時大多數學生都在做的義務勞動，我也會在早上和傍晚去送報，就在那年的年底，我罹患了結核病。由於輕微發燒，母親帶我到醫院檢查，被宣告是「結核病」。當時我父親的弟弟（也就是我的叔叔）住在我家隔鄰的另一間房子，他就是患了結核病，夫妻兩人都因為這樣相繼去世了。

由於在書上讀到過，結核病是來自於結核菌的感染，所以每當我經過那間房子前面時總是憋著氣，捏住鼻子快步跑開。畢竟還是個孩子，跑到一半沒氣了、實在憋不住，結果反倒深深大吸了一口氣。

那時候的結核病，大家都說是不治之症。或許是因為感到害怕，過分在意這種病，反而使得心神耗弱，結果自己也染上了結核病。

用這身持續發燒、微熱的身體，再次參加了名校一中的考試，還是沒考上。我心裡想，自己生著病，乾脆就放棄讀中學了吧。那年頭，有很多人是小學畢業就去工作了，父母親也都表示：「沒辦法了。」

結果我的級任導師土井老師說：「你，無論如何都應該去讀中學，只有小學畢業是不行的。」幫我填了另一家私立中學（鹿兒島中學）的申請表，在空襲猛烈的情況下，頭戴防空頭巾去為我提出申請。

回程來到我家，「我已經幫你交出申請書了。就算身體微微發燒，也一定要去參加考試喲」，說完才離開。因為土井老師的熱忱，我去參加了考試，因此得以進入鹿兒島中學就讀。

——是那位老師，拯救了稻盛先生陷入絕望谷底的那顆心吧？

「別放棄！還有路可走」土井老師這麼說。我是在他的熱忱堅持下，參加了考試。如果不是土井老師，我恐怕小學畢業就直接去工作了吧。

曲折動盪的學生時代

中學三年級的時候，學制改成了現在的國小六年、初中三年、高中三年的制度，原來的舊制中學分成了現在的初中和高中。我們班上有好多人都要進入新成立的高中就讀。

雖然父親一直期待我中學畢業後就去工作，不過我一再懇求他們讓我上高中。因為就讀中學時拿到了獎學金，學費可以全免，我心裡想，進高中也一樣照辦就行。

同時也是鹿兒島中學校長的辛島正雄老師，和我們這些學生一起來到新成立的高中，成了我的級任導師。他是一位優秀且人品高尚的老師，我慢慢開始認真讀起書來，成績也跟著變好了。剛入學時的成績不過在中段水準，畢業的時候已經進步到前段左右，讓我因為「只要肯做也能辦得到」而建立了自信心，同時親身體驗到努力必有回報。

接著，原本打算高中畢業後就在當地銀行上班，幫忙家計，辛島老師卻建議我說：「你去讀大學吧。」

「請讓和夫去讀大學。他似乎具備了一些其他學生身上所沒有的特質」老師幾次來到家裡，試圖說服我的父母親。

老師說，只要拿了獎學金，不夠的部分去打個工，應該就足以應付自己的生活。最後父母終於讓步表示，因為家裡很窮，如果可以自己打理一切的話，就可以繼續讀書。

父親雖然沒什麼學問，但因為經營印刷廠，每天總是和那些印刷用的金屬活字為伍，所以很擅長閱讀文章。於是他說：「既然要讀，就讀帝國大學（註 1）吧。」我想，父親應該是為了讓我打消念頭，才故意提了那種難考的大學。

我對老師說：「我想去考九州大學。」他問我：「你有親戚在福岡嗎？」我說：「沒有。」結果他表示：「既然要去到福岡，我想，大阪的大阪大學應該也可以考得上，你要不要去考考看？」

自從決定要考大學之後，我就老是叨念著：「因為自己的腦袋不靈光，所以要比別人加倍努力。如果人家加倍努力，我就要付出五倍的努力。」像句口頭禪似的，連晚上也不睡覺，拚命讀書。然後參加了大阪大學醫學院藥劑科的考試，還是沒考上。

話說回來，我想要進入藥劑科的起因來自於小時候曾經罹患結核病，希望自己成為開發新藥的研究者。由於中學考試已經有過兩次失敗的經驗，心想：「這次一定要成功！」拚了命用功準備才去應試，結果還是失敗。實際狀況並不容許我再重考，所以後來選了考試日期比較晚的鹿兒島大學工學院，總算在最後關頭進了大學。

——在如此曲折動盪的人生中，邂逅了這些伸手相助的人們，是否也對稻盛先生如今在工作上的態度、處事方法，還有想法上有些什麼樣的影響？

我認為，至今陸陸續續邂逅的這些了不起的貴人，多虧有他們的相助，才有今天的我。土井老師、辛島老師，是他們鼓勵與協助我繼續升學。至於工作上也不斷接受許多人的善意支持。

不是只有我，相信不論是誰都會在人生中遇上這樣的貴人。家人、親戚、老師、朋友，他們會在各種場合給予我們忠告。

我想，對於這些貴人不計較利害得失所給予的協助與善意，

我的青年時期是「充滿挫折的青春年少」。十二歲那年，參加心目中理想的舊制中學考試失敗。後來罹患結核病，隔年就讀私立中學。接著連第一志願的大阪大學考試也落榜，於是進了本地的鹿兒島大學。

我們是否有心坦率地接受，或許將使我們的人生有著不同的變化。

註1：帝國大學：如同東京帝國大學或京都帝國大學等，在二次大戰前，對九所舊制國立大學的統稱。

大學時期的相片，前排右邊的就是我。我非常用功讀書，但是因為參考書太貴，買不起，所以每天都去圖書館。

第3章

不向惡運低頭

任職於京都某公司，天天與不安對抗

——後來您大學畢業卻始終找不到工作，據說是在大學老師的介紹下，進入京都某企業。似乎是進了公司才發現狀況不太對？

我大學畢業後，找到工作是在一九五五年（昭和三十年）。韓戰結束，隨著軍用物資的需求減少，景氣也跟著惡化，要找工作相當不容易。

當時就算成績不錯，如果沒有人脈，還是很難找到工作。我參加了好幾家公司的甄試，都沒錄取。透過在大學裡非常照顧我的竹下老師介紹，總算得以進入一家名為松風工業的公司任職。

松風工業是日本第一家製造高壓礙子（註1）的公司，過去曾經是很威風的知名企業。但是我進公司之後才知道，他們的經營狀況面臨嚴重的問題，幾乎已經到了不向銀行借錢就發不出員工薪水的地步。領薪水那天，公司要我「再等一個星期」，讓我嚇了一跳。

由於我只帶一點點錢就來到京都，手上已經一毛都不剩了。住的宿舍裡空空如也，就只是用來睡覺而已。因為沒錢，我把炭爐搬了進來，天天喝味噌湯配飯，耐心等著發薪水。

儘管是就業困難的時期，在那樣的公司，大學畢業的新進職員連我在內就有五個人。因為薪水從第一個月開始就不正常，中午休息時間我們五個人聚在一起，「當初根本不知道是這樣的公司」、「恐怕沒什麼前途，快點辭掉算了」，你一言我一語發著牢騷。接著，一個走了、兩個走了，到了那年秋天，其他人都走光了。

——**留下來的，只有稻盛先生嗎？**

我也很想辭職呀，可是走了就沒有其他公司可以去。我天天陷入苦思，如果辭去了工作，自己的人生會往好的方向發展嗎？留在這裡比較好嗎？如果是因為心中的不平與不滿而辭職，就算換到別家公司，是不是也不會好到哪裡去？

——**您是在思考之後該怎麼辦吧？**

我想了很多，決定自己非留下來不可。

那時候，我只要下了班就會去車站前面的蔬菜攤買些做飯的材料。因為只是煮個飯和味噌湯，所以大概就是買一片炸豆皮、蔥和白菜之類的。

蔬菜攤的大叔說他在二次大戰前，曾經在松風工業工作。

「好像是個生面孔，從哪裡來的呀？」他問我。

「我從鹿兒島大學來的，在松風工業上班。」

「從那麼大老遠跑來呀。你待在那家破公司的話，會娶不到老婆喲！」他這麼對我說。

好不容易從鹿兒島出來打算好好地工作，狀況卻愈來愈慘，我的心情也愈來愈沉重。

當時我心想，在這種嚴苛的現實社會中，光是顧慮著活下去的問題，整個人會變得墮落無法自拔。不論要留在公司或是辭掉工作，如果一再糾結於心中的不平與不滿，人生絕對不會往好的方向發展。

註1：高壓礙子：以陶瓷製作的絕緣體，用以阻隔電線傳輸而來的高壓電流，不讓電流進入鐵塔。

一九五五年（昭和三十年），進入京都的松風工業。該公司創立於一九〇六年（明治三十九年），是高壓礙子製造商。父母親聽說我要進入一家製造礙子的傳統企業都非常開心，但……

只要愛上了工作，一切都會轉變

松風工業這家公司，採用一般陶瓷器的原料去製作電線用的礙子。我隸屬的單位是研究課。

公司對我說：「因為電子時代即將來臨，希望你可以研究新型陶瓷（現在的精密陶瓷〔註2〕）這個新領域。我們聽說你在鹿兒島大學非常優秀，請提升這項研究的水準。」

那時候，我認為自己只要埋頭研究，或許就可以忘記眼前嚴苛的現實狀況。

——您是說，正因為覺得很苦，所以全神貫注在研究上嗎？

沒錯。當我心裡這麼想著，開始專心於研究時，工作漸漸變得有趣起來。而且因為拚命投入研究，覺得要從公司回到宿舍很麻煩，乾脆把鍋碗瓢盆都搬進研究室裡自己煮東西吃。不論早中晚，一直埋頭於我的實驗和研究。

——您一整天就只是做研究嗎？

這麼做的結果，所有討厭的事全都從腦袋裡消失，精神也安定下來，研究方面更是一個接著一個開始出現好結果。

當我向上司報告「獲得了這樣的實驗結果」、「有了如此的成果」，大家都感到非常開心，連幹部都來到研究室鼓勵我：「希望可以用你這項研究讓公司重新振作起來。」於是又讓我更加主動投入工作，加倍努力。如此一來，一切都朝向好的方向去進行。

——因為改變了想法、專心一志，所以衍生出良性循環，是吧？

是的。當我參加陶瓷學會提到「目前正在做這樣的研究」時，聽到人家對我說：「那真是太棒了！」或是「美國的知名企業也正針對同樣的方向在做研究喲。」我就會覺得「自己所做的是全世界最先端的研究」，愈來愈激發我的鬥志。將事物都往好的方面去解釋時，負面的東西就不再具有意義，一切都會變得光明正向且積極。

只要可以「愛上工作」，就會出現良性循環。我是後來才體會到這件事在人生中很重要。

我認為，或許正是因為全心全意在工作上孜孜不倦，才能在不久之後成就一番事業。

人家說：「持續恆久即是力量。」人生中重要的就是「持續」，也就是針對同一件事認真有毅力地繼續下去。

我想要傳達給年輕一代的，就是不斷腳踏實地付出努力的重要。不只在讀書或運動方面，還包括那些就業後要構築自己人生的人，希望大家都能將自己承擔的工作當成天職，一輩子持續下去。我認為，想要度過充實的人生，這件事比什麼都還重要。

再附加說明一件事，那種一開始在工作上就能順利找到自己所愛的幸運兒，想必很少。許多人都是因為某種機緣而做著眼前的工作，要試圖讓自己愛上這份工作，除了個人的努力之外，沒有其他方法。那是為了能夠持之以恆，相當重要的一點。

我個人之所以能夠投入工作、發展眾多事業長達半個世紀以上，也是因為持續不斷腳踏實地去耕耘的結果。

註2：精密陶瓷：使用高純度材料，透過嚴格管理的製造方式去製成擁有各種特質與功能的特殊瓷器。這也是電子機械中不可或缺的材料之一。

一旦下定決心，絕不改變

——稻盛先生開始投入研究約一年半左右，就已經成功開發了新型陶瓷，是吧？

這在日本是首創。我們採用這項新材料製作出來的產品，就是松下電器（現在的Panasonic）集團下的松下電子工業的零件。

當時的電視播放事業剛起步，松下電器為了製作電視機的布朗管（陰極射線管，又稱「映像管」），從荷蘭的飛利浦公司進口一種稱為U型Kelcimas（高頻絕緣體）的零件。這是使用特殊陶瓷製成的零件，因為是我研究開發的材料，於是松下電子工業便委託製造生產。

後來松下電子工業停止進口原零件，全部委由國內生產，松風工業開始製造松下所需的產品。我們接到很多訂單，陸續不斷

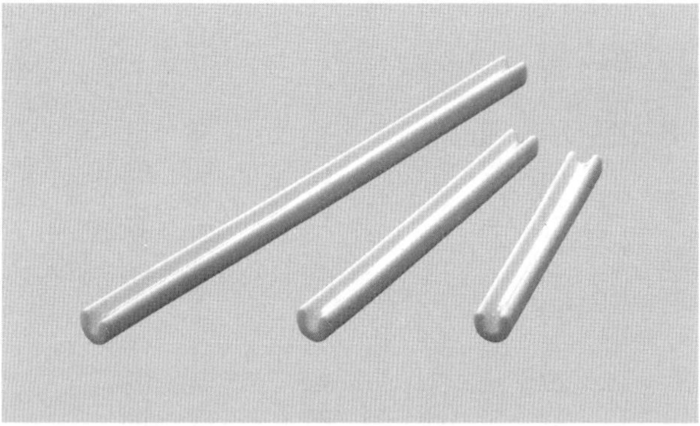

電視機布朗管的絕緣零件——U 型 Kelcimas。
該材料的鎂橄欖石（forsterite）在日本首度由我本人成功合成。

提供零件。

——可是正當您工作得很充實、準備奮力一搏的情況下，為什麼會突然辭去工作呢？

來自松下的工作量增加了，這件事在業界漸漸出了名。於是有一天，日立製作所的技術人員，為了了解我新開發的陶瓷材料是否可以製作真空管，專程來到京都。

細問之下，據說是美國電機大廠奇異（GE）公司已經開始製造小指頭大小的真空管，他們希望也能做出同樣的東西。這種陶瓷真空管如果全世界只有美國一家公司可以做得出來，我當然非常樂於接受挑戰，於是我立刻答應了他們。

我拚命用心去做，不過真的很困難，好幾次帶著好不容易做出來的試驗品給對方，卻一再被打了回票。

有一次，日立的幹部打了電話給我們公司幹部：「不快點做出成品，可就麻煩了。」

因此，新上任的技術部長來找我：「聽說日立委託的試驗品做得不太順利，現在進行得如何了？」我說：「還需要花點時間。」聽我這麼回答，他說：「果然你是做不出來的。」

由於公司內部有許多京都大學工學院畢業的前輩，還有技術團隊，於是他對我說：「會把這項任務交給那些人，你不用再做了。」

這位技術部長過去在民營鐵路公司的研究室工作，去年才進我們公司，關於這個領域範疇的內容是什麼都不清楚。

而我自己，從零開始研究，親手完成了松下的產品，如今卻被說成那樣。我心裡一把怒火，對他說：「哦，是嘛。要讓其他人做，那就請便，拿去給他們做吧。你說叫我做到這裡就好是嗎？沒問題。我走人就是了。」

結果，「唉，我並沒有叫你辭職呀」「有關技術人員的威信問題，被你說得那麼簡單，我是沒有辦法繼續留在公司裡了」「別那麼說嘛」「我也是人，有我的自尊。我要辭職」。

消息立刻傳到社長耳裡，他甚至告訴我：「無論如何都希望你能留下來，也會給你加薪。」而我則是斬釘截鐵表示：「男子漢一言既出，就不會改變自己的決心。」便辭去了工作。說起來也是因為我當時年輕，有那麼點好勝心吧。

——辭去工作之後，有其他地方可以去嗎？

完全沒著落。只不過，我認為像那樣被上面的人單方面指出「這項研究你做不來。把它交給別人做，你別插手」，如果還續留在這種公司，未來身為一名技術人員的夢想恐怕很難實現吧，所以才會毅然決定辭職。

然後我心裡想，不然就去巴基斯坦好了。那是因為之前有一個從巴基斯坦來的研修生，他父親的公司正是巴基斯坦當地製造礙子的大企業。差不多有一個月的時間，他的座位就在我旁邊，我會教他一些有關陶瓷方面的事，我們之間聊了很多。

當他要回國的時候，曾經問我要不要去他們巴基斯坦的工廠工作。他和父親（也就是這家公司的社長）取得聯絡，願意支付的薪水是我原來的三倍。我想，如果可以拿到這麼多，就能給鄉下的雙親寄很多錢回去，好報答他們長年以來的辛苦。不過那時候我因為著迷於手上正在進行的研究，便婉拒了他。

突然辭去了松風工業的工作，也沒地方可去，我便寫了封信給巴基斯坦那位朋友，對方的回覆是：「你願意過來，我們當然歡迎。」

我的心情搖擺不定。當時的商量對象是我在鹿兒島大學的恩師，內野正夫老師。內野老師是一位曾經參與創設中國輕金屬企業的技術人員，對我的能力有著高度評價。

一談之下，他很嚴肅地對我說：「絕對不行！先端科技的技術日新月異，你的技術拿去巴基斯坦瓜分零賣，五年後再回到日本，業界早就起了大變化，你將完全派不上用場。你應該留在日本，繼續努力做現在的研究。」被他這麼一說，讓我打消了這個念頭。

——稻盛先生是在大學畢業後開始研究新型陶瓷技術，但是關於這方面的專業知識，好像並不是在大學裡學到的，是嗎？

我在大學專攻應用化學，所以當時學的是石油化學，特別是合成樹脂這一類的有機化學（註3）。我覺得石油化學的世界應該會有更大的發展，所以也去參加了石油公司的徵試，不過都沒有錄取。

好不容易找到的工作是在製造礙子的陶瓷工業（註4）公司，這是屬於無機化學（註5）的領域，所以我的畢業論文倉促地改成以無機化學為主題，在半年之內整合完成論文。

在那之前，無機化學對我來說根本是專業外的範疇，所以我拚命找資料，用功讀了很多東西。

由於原本並不是我專攻的科目，一般來說，進了公司要合成新的材料之類的應該很困難。但是我心想：「不論怎麼樣，一定要研究成功！」就這樣逼迫自己，花費一年以上的時間埋頭做研究，終於開發成功了。這就是因為每天不斷奮鬥、自己動腦發揮創意的結果。

我相信：「持續不斷努力付出，絞盡腦汁之後，便能見到事物的真實面貌。」

訂下目標，朝著它努力的時候，當然也會因為「不知該怎麼辦才好」而感到不安，或是找不到答案、束手無策。儘管如此，只要不逃避，繼續全神貫注、努力下功夫，就會有一股力量在背後推動我們。我認為，那或許是上天賜予這個死命瘋狂在奮鬥中的自己一些啟示與禮物吧。

藉由這樣的經驗，我也對員工說：「就拚命努力到連神明都覺得你很可憐，想要向你伸出援手的程度吧。如此一來，一定會得到上天的啟發（註 6）。」

註 3：有機化學：以包含形成生物的碳元素在內的化合物為對象的化學。

註 4：陶瓷工業：用窯將黏土或其他非金屬原料以高溫加工，製作成陶瓷器、玻璃、琺瑯等等物品的工作。

註 5：無機化學：以有機化合物以外（無機化合物）為對象的化

學。

註6：上天的啟發：對於人力所無法得知的事，來自於上天的曉諭。

因為沒錢，所以在宿舍房間裡準備了炭爐，每天就喝味噌湯配白飯。不久之後，覺得專程回宿舍太浪費時間，乾脆把鍋碗瓢盆都搬進研究室裡，持續不斷做實驗。

第 4 章
為實現自己的想法

為社會、為眾人的公司

——後來為了繼續做研究，您成立了新公司對吧？

當我一說要辭掉松風工業時，有五、六個從高中、大學一畢業就進公司工作，後來協助我做研究的助手也說要「辭職」。「之所以待在這家公司，是因為稻盛先生很了不起，才跟著您一直做到現在。稻盛先生一離開，這家公司就失去魅力了，我們也打算一起辭職。」

——您說公司的同事嗎？

是的。他們衝到宿舍來說：「我們也要辭職。」

正在這時侯，一位與我父親差不多同一年代、曾在松風工業擔任我上司的青山政次先生表示：「不發揮你的技術太可惜了。我當年在京都大學有一些朋友，現在是大企業的高層幹部，我想去找他們談談，讓他們出資成立一家新公司，你覺得如何？」對我來說，這實在是個天大的好消息。

於是，我和青山先生一起拜訪了西枝一江先生，他是京都配電盤製造商——宮木電機製作所的專務。

當時我剛滿二十六歲，從大學畢業才不過三年而已，西枝先生見了我便驚訝地說：「雖然我不知道你到底有多優秀，可是要我們指望這麼一個年輕人來成立公司，究竟可以做出些什麼東西？」

青山先生毫不退縮地提出反駁，並進一步說明：「我們想要創設的不是一家買進賣出的商社，而是擁有最先端科技的製造

我過去的上司，青山政次
先生。

宮木電機製作所專務，
西枝一江先生。

商。松下電子工業的布朗管，就是因為他開發的零件才能順利運作。為了開發新產品，會花費許多資金。」

接著，我們兩人策劃具體的方案，來回拜訪了很多次。我也拚命費心說明：「不久的將來，新型陶瓷的時代一定會來臨。」差不多到了第三次左右，西枝先生才對我說：「好啦，來試試看吧。」

「可是我說，稻盛啊，要創立一家這樣的公司，而且是以先端科技掛帥的製造業，是相當困難的。經營公司，一千件事之中只要有一件成功就算是好的了，可不會那麼簡單就平步青雲。不過，因為折服於年輕的你有如此熱忱，我決定支持你。」

後來西枝先生拜託了幾個人，湊足了三百萬日圓的資本額。

——當時的三百萬日圓是相當龐大的金額吧？

在一九五九年（昭和三十四年），那的確是一筆很大的數目。要準備燒製陶瓷的電爐設備，還有購買原料都需要資金，所以光是那樣還不夠。

西枝先生住在京都御所（過去的皇居）隔鄰，他把那一大片土地和宅邸拿去向京都銀行抵押擔保（註1），借了一千萬日圓給我們。就是用這一千萬和之前的三百萬資金，讓公司正式起步。

——儘管不知道會如何，但就是有那種要在這個年輕人身上下個賭注、相信他的氣魄吧。

「我的家業可是被拿去抵押擔保，稻盛你要是失敗了，我會跟著完蛋的。所以我覺得不該自己一個人妄下決定，曾經找我太太商量過。結果她笑著對我說：『沒關係啦。如果你那麼欣賞這個年輕人的話，就這麼做吧。』我才因此下定決心，把房地產拿去抵押的。」

經西枝先生這樣真誠地把自己下定決心的過程說出來，我當時聽到之後，整個人都緊張起來。

為了和我這個沒見過幾次面的人創立新公司，冒著可能失去財產的風險。我心想，要是失敗了會給對方帶來很大的麻煩，所以為了還這筆錢，完全抱著必死的決心。

——聽說這家公司是和之前的工作夥伴共八位一起創立的，你們

還立下了血印誓約（註2）**？**

我們很老土吧？聚集在一起的這些夥伴連我共八個人，我們寫下誓約，蓋了血印。

雖然之前的公司不認同稻盛和夫的技術，但此刻所成立的京都陶瓷公司將做為向世人展現稻盛和夫研究成果的根據地，我們還在誓詞中寫下「將以貢獻社會與眾人為宗旨」。

——為社會與眾人？

儘管只能勉強養活自己，連明天會如何都沒頭緒，我們在血印誓約中仍寫著「要為社會與眾人」。

就那樣，在我五十歲的時候，當時聚在一起的人當上了專務、社長或是會長等職位，他們將做為我的接班人繼續領導著京瓷。

這一群人，可以說各自達成了卓越的成長。這樣的成長不是藉由學歷或學問，而是歷經許多艱辛難熬的過程，透過那樣的經驗去感受、去思考，終於塑造而成足以引領眾人的品格，並將依循此道持續精進，也成就他人。這樣的經歷可以提升人性，同時也是由這些足以佐證的人，接手帶領著這家公司。

註1：擔保：借錢時，以土地或建物當作抵押擔保，若無法償還借款，則必須將擔保品的土地或建物交付對方。

註2：血印誓約：為展現堅定不移的誓約或誠意，劃破手指在自己的署名下蓋上血印。

一九五九年（昭和三十四年），我二十七歲（後排左方起第六人），創立了「京都陶瓷株式會社（現在的京瓷）」。從員工二十八人開始起步。公司名稱採用了世界通用的「京都」，還有一般大家不太熟悉的「陶瓷（ceramic）」。

以獨自的資金經營公司

──公司起步之後，為償還借款，據說大家都非常拚命地工作，是嗎？

主要是我認為，應該儘快把西枝先生的錢還清。結果西枝先生卻告訴我：「你在說什麼呀。錢嘛，只要公司的業績好，銀行不管多少都會借你。如果想讓公司發展得好，就要提升業績，從銀行貸款繼續擴大。像你這樣，一旦借了錢就只想著不還不行、不還不行……。那種想法就只能維持中小企業的規模，公司是不會成長的。」

只要公司的業績夠好，有能力的話，多少錢都借得到。即使人家告訴我說不必還，但是我這個人還是很小心謹慎，「償還」的念頭始終在腦子裡放不開。

因此，京瓷從很早期開始就慢慢累積資產，打造以獨自的資金經營公司的方式，成為一家資金充裕的企業。

——是否有什麼樣的道理，讓您不喜歡賒欠？

也不算是什麼大道理，應該說是家傳的吧。剛才我提到過，我父親曾經在戰前經營過一家印刷廠，還算風光，但是經營手腕並不高明。

他從鄉下的小學畢業後，就到鹿兒島市內的印刷廠當學徒。因為認真又勤奮，常到廠裡送紙的批發商老闆很欣賞他，問說：「你要不要自己獨立出來開業呀？」因而成為他創業的開端。

當時經營印刷廠為了要訂購紙張，必須以印刷機器為擔保，其中也會有些商家經營不善關門大吉。但是公司倒閉了，只留下印刷設備也很頭痛。於是紙張批發商老闆聽人家說我父親既認真又優秀，就想來說服他出來獨立創業。

一開始，我父親拒絕了。但是對方表示：「我幫你出資金、也供應紙張。中古的印刷器材也轉讓給你。一應俱全替你打點好，如何？」所以他並不是因為很會盤算，自己積極主動去創業的那種人。

天生性格極為謹慎小心的父親，完全是職業工匠的脾氣，在工作上腳踏實地，在第二次世界大戰時空襲卻把一切的心血都燒毀了。母親見了父親這樣，苦口婆心勸他：「孩子的爸，印刷廠，重新再來過吧。」但父親認為：「家裡人口眾多，為了買印刷設備還要去借錢，萬一失敗了，全家都活不下去，那怎麼成？」並沒有採納母親的意見。

以孩子的眼光來看，父親是認真又膽小的人。這樣的個性也遺傳到我身上，覺得借錢實在可怕又討厭。所以我覺得，自己在公司的經營上堅守不借錢的原則，果然還是很像我父親。

順帶一提，我這個明朗又樂觀的性格，應該是來自於我母親。我母親家事方面當然沒話說，就連左鄰右舍的阿姨們到印刷廠裡來幫忙，她都能在工作的分配調度上安排得妥當得宜，即使遇上什麼問題，也不會慌張失措，總是那麼地明快爽朗。

但如果我在外頭跟別人打架打輸了回來，她會拿支掃把給我，推我出去，要我去「討個公道回來」，展現出她好強的那一面。

母親明朗樂觀。父親是職業工匠的脾氣，認真而膽小。

確立京瓷「經營目的」

——公司非常努力，頭一年就有獲利，但是後來年輕的員工提出要求，希望在薪水和獎金方面有所保障。聽說這件事對稻盛先生來說是一個很大的轉機？

我真的是十分盡心盡力在經營公司。

到了第二年，有十多名高中畢業的員工已經工作大約一年左右的時間，我心想他們總算可以獨當一面了，但是這時候，他們突然來找我並提出了書面陳情。他們表示，這是大家一起商量決定的。

陳情的內容有「今年度的獎金希望有××以上」、「明年春天起，希望以××條件調高薪水」、「今後幾年內，要維持這樣的條件改善我們的待遇」等等，還蓋上了血手印。

並表示：「大家都商量好了，如果不答應我們的條件就立刻辭職。」

雖然我說「請等一等，你們突然告訴我不答應的話就要辭職，這種一廂情願的說法豈不是無法解決問題嗎？我希望打造一間很傑出、讓大家都能安心工作的公司。一直以來，不也都向各位說明過了」、「希望你們信任我，繼續跟著我」。但還是沒能說服他們。由於當時我住在京都嵯峨野的市營住宅，所以把大家都帶回我家去。

——帶回稻盛先生的家？

雖然是只有兩個小房間的公寓，我和他們在那裡繼續協商。

「公司成立至今不過才兩、三年，現在好不容易可以維持獲利狀態，怎麼可能馬上允諾各位的未來。要是無法實現，就變成是我在說謊，我並不想那樣說些隨便敷衍大家的話。

但是今後，我仍然打算不惜一切努力讓公司更加進步成長。當這樣的目標得以實現的時候，必定也能給予各位更好的待遇。懇切希望大家可以理解我的心情，共同打拚」為了讓他們了解我真正的心意，花了三天三夜促膝長談，不斷努力勸說。

——三天三夜!?

我對他們說：「如果能夠讓公司發展得很好，我會為大家做這些事。請你們相信我。眼前，我並沒有東西可以做為擔保，實在無法為各位做些什麼。」最後甚至還說：「要是我辜負了各位，到時候就算是殺了我都無所謂。」

或許也是因為講到很疲累了，最後大家都答應繼續留下來工作。直到三更半夜，所有人才散會回家去。

隔天一早，當東方漸白，我才意識到自己做了極為重大的承諾。

我在家中七個孩子裡排行第二，過去我一直都會從微薄的薪水裡留點錢寄回去給鹿兒島的弟妹當作生活補貼。我覺得，保障這些員工的生計也算是我的責任。

自己的家人、親戚都照顧不來的人，現在連雇用的員工都不得不照顧。讓我再次感受到，經營者這份工作實在是付出和收穫不成正比。

在那個時候，我重新思考了有關公司經營的目的。我所編寫的《京瓷哲學手冊》，一開頭就闡明了以「追求全體員工物質與精神上的幸福」為目標。而且我認為光是這樣還不足夠，又加上了「對人類和社會的進步發展做出貢獻」。

當我決定以此為公司經營的目標，去公司向員工宣告之後，盡掃一切陰霾，在經營上全力以赴。

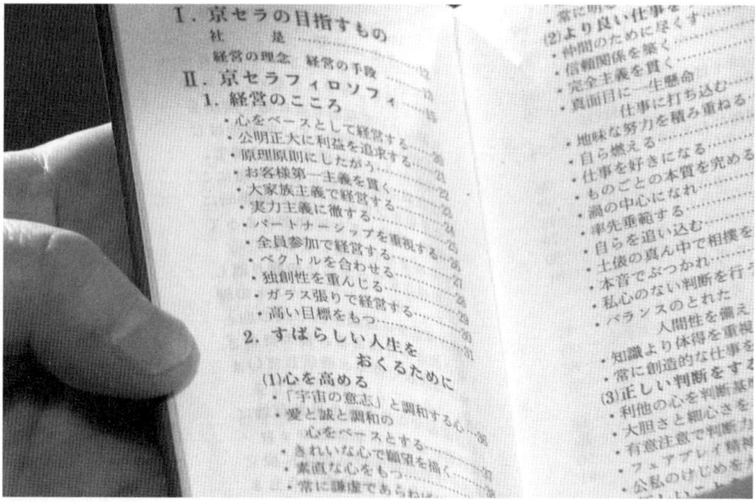

《京瓷哲學手冊》的目錄。開頭的經營理念（經營目標）中揭示了「追求全體員工物質上與精神上的幸福」，我認為不只凝聚了員工的心，也成為公司發展的原動力。

理所當然要努力過日子

——那也是稻盛和夫先生的人生，由技術人員轉變為經營者的瞬間吧？

雖然最初成立公司的目的是「讓自己的技術得以問世（公開發表並獲得認可）」，但是我想，背負著這樣的重擔，就是在經營公司嗎？如果是這樣的話，自己可是已經開始在做一件難以想像的大事了。

而且「萬一事業失敗了，讓這些跟我一起努力打拚的員工們流落街頭的話……」內心也開始忐忑不安。

經營公司、繼續工作，確實是一項很重大的事。不過那時候我已經開始想：「身而為人，超越那個層次努力過日子是理所當然的。」

因為人類擁有智慧，會想著要輕鬆享樂、會有奢望。但是自然界裡的其他動植物，如果不是每天拚命就難以存活下去。

即使是一隻流浪貓都努力活著，水泥縫隙中發芽的雜草也為了生存而奮鬥。下了雨就發芽，持續日照下就乾枯。任何環境之下，沒有奮力掙扎求生存的動植物都將會斷絕氣息。正因為一心一意去努力，才得以存活下來。

因此我認為，人類為了生存，當然也應該要努力奮鬥。不是只為了父母、兒女、還有員工，在那之前，做為一種生物，拚命存活原本就是理所當然的事。我相信所有的生物都有這樣的辛酸之處。

比方說，就算拚命用功讀書也可能一樣考不好。但是只要真正盡了最大的努力並到達極限，應該就能斷了消極的念頭。如果是以隨便敷衍了事的態度去面對，日後將會悔恨落寞。

因此，不論處於多麼不利的條件下，總是要竭盡全力去做。

我認為，這甚至也可以稱作是我們要在這個世間存活的前提。

創業時的總公司建築物。當初是借用宮木電機位於京都市中京區西之京原町的倉庫。為慶祝公司起步，舉辦了一個小型宴會。我在宴席上說：「不久的將來，就要讓大家看看我們變成原町第一名的企業，是吧？成了原町第一之後，下一步就是西之京第一；變成西之京第一，再以中京區第一為目標；接下來是京都第一、日本第一、然後是世界第一！」當時我認為，目標要愈大愈好。

第5章

培育人才

來自「孫悟空」的啟發

——公司業績順利成長，員工也從破百、漸漸增加到兩百、三百人，規模愈來愈大。接著，稻盛先生將公司分為數個小型組織，引進「阿米巴經營」這種著眼於利益核算的制度。所謂的「阿米巴經營」，簡略來說是怎麼樣的概念？

也就是將公司分割成數個稱為「阿米巴」的小團體，由各自的領導者負責帶領經營（事業）。這樣的小團體並非固定不動，每一個都會因應環境變化去改變型態或有所增加，所以才稱為阿米巴。

至於說到為什麼會想出這樣的方法，是因為我當初就是以一名從事研究開發的技術人員身分為基礎去創立公司。

我們所製造完成的商品在技術上很獨特，為了販售，由我這個製造者去向客戶說明，想必更有說服力，所以我自己也從事業務工作。

可是當員工增加到一、兩百人時，全靠自己一個人的話，可想而知，不上手的業務工作加上公司經營讓我相當辛苦。那時候，我突然想起孫悟空的故事。

——「孫悟空」嗎？

我想起那個拔下身上的毛，「呼」地一吹，便出現許多分身的畫面。我思考著，自己如果也像孫悟空一樣，吹吹拔下來的毛就有好幾個分身出現，我只要告訴他們「你去做那個、你來做這個……」之類的，把工作分派出去，不知道有多好。

我很需要那種與我擁有同樣的經營理念、同樣的經營者感受，並且能夠實際經營的人才。就像植物分株那樣，可以將工作交付給對方。

不是像社長、專務、常務、員工之類的公司組織，而是有很多與我同樣擔任經營者的人。換句話說，有沒有可能是一種聚集了許多像我和合夥人一樣的人在公司裡的經營型態，如果沒有的話，我想要自己來創造看看。

於是，為了使眾多夥伴加入經營，也讓他們持有股份。

——也就是說，為了培育這些領導人才，讓他們實際體驗的話，分割成較小的組織比較好嗎？

我認為，身為一名居高臨下、統籌管理人員的經營者，如果缺少卓越的想法與周全的精神意志，將難以達成任務。所以品格與人性是很重要的一環。

因此，我整合自己的人生觀與哲學，開始建構「京瓷哲學」的根基。

在前一家公司任職研究人員的時期，我的實驗筆記上寫了一些當時的心境想法。我把那些又找出來讀一讀。

從中了解到，根據當時的心境，研究進展的好壞將會有所不同。如果不是處於一種澄淨不受拘束的心靈狀態，就無法領悟、判讀微妙的數據變化。我認為在經營方面也一樣，假使有絲毫背離為人之道的想法，應該都無法達成正確的經營。

——似乎是由上而下（top-down），也就是由上司向下屬的方式較容易進行意念的傳達且有效率，不是嗎？

由上而下是比較有效率。

但是當我的守備範圍變得太寬廣時，便無法面面俱到。所以才想著要分割成小團體，變更為個個可以自己負責看守的小集團的經營方式。

這些小集團的領導人，必須是與我有著同樣理念的經營者。為了施行「阿米巴經營」，要選定領導人，這些人非擁有傑出的人品不可。因此我當時的想法就是將這套哲學傳達出去，能夠理解的人就擔任各個阿米巴組織的領導人物。

——近來，「阿米巴經營」手法似乎相當受矚目，但是應該也會擔心各個阿米巴組織之間的競爭過於激烈吧？

由於分門別類，或許各自在內部都維持了正常營運。但是全體整合時，也有可能因為彼此爭強好勝，而使得組織無法凝聚融合。

所以我們必須擁有一套哲學。這套哲學的根本就是「身而為人，何謂正道」的想法。不是只有自己的阿米巴組織表現良好就行，必須在全體融合之下追求卓越。如果不是對此有所領悟的人，是無法讓公司順利發展的。

就是因為如此，我希望儘量多培養一些有如自己分身的人物，由他們共同承擔經營責任，才能展開「阿米巴經營」。

京瓷工廠內的朝會。
每天由各個阿米巴組織自行舉辦朝會，以組織領導人為中心，共同掌握當月工作計畫的進度，還有當天的生產目標等。

為夥伴盡心盡力

——藉由小型阿米巴組織的工作成果，可以獲得很多獎金嗎？

一般來說，或許是成果豐碩的部門能得到很多獎金、收到較高的報酬。如此一來，當業績不好的時候，可能獎金就變少，甚至是完全沒有。

至於京瓷的阿米巴經營，則是具有許多人都感到不可思議的績效分配方式。在京瓷，當某個阿米巴小組對業績、對公司整體或夥伴們有所貢獻時，我們不會額外給予薪水、獎金等金錢上的直接報酬。我們只會表示讚賞與感謝。

雖然大家常會因為「用這種方式，你們的員工還真能夠接受」而感到難以置信，但早在創業當初我就一直不斷強調「不求回報，為夥伴盡心盡力，是身而為人的傑出表現」，因此京瓷的員工即使自己的事業部門有所獲利，也沒有任何人會要求「給我加薪」。

——為什麼不以金錢或物質當作回報呢？

是因為考慮到人的心理。如果業績好的時候就加薪，人就會想要獲得更多。

可是，事情並不會總是一帆風順。一旦公司表示「業績變差了，所以這次不發獎金」的話會怎麼樣呢？為了蓋新家而借錢、或是因為這樣還不了房屋貸款等狀況會使人陷入困境，心生不滿。結果可能導致彼此的人際關係冷漠淡薄，公司整體的氣氛變差，遭遇悲慘的狀況。

公司業績不斷在高低起伏的循環中，人心是絕對無法安定下來的。

所以我們對於辛勤奮鬥的員工給予讚賞，身旁的工作夥伴也表示「因為有你們的努力，公司得以順利發展，讓我們大家都能拿到獎金」由衷地感謝他們。就像那樣，對於業績表現良好的回報方式，就是只提供名譽上的報償。

大家共同努力，一起達成物質與心靈雙方面的幸福。

第6章

相信必定會成功

跨足通訊事業

——稻盛先生五十二歲時，也就是一九八四年（昭和五十九年）創辦了通訊事業「第二電電（現在的KDDI）」。這項事業與過去所從事的工作領域迥然不同，除了是很大的挑戰之外，也耗費龐大的資金。為什麼您會決定那麼做呢？

我覺得自己真是個傻瓜（笑）。我對通訊根本一竅不通，更別說有什麼十足的把握。

由於京瓷在美國有許多客戶，我因公出差的機會就多了。後來甚至還在美國蓋了我們自己的工廠。

有一次出差去到美國，看見當地營業人員打長途電話講了很久，因為有點擔心電話費用就提醒了他一下。結果那名員工拿出他們一個月份的通話明細，讓我看了大吃一驚。比起日本的長途電話費用，簡直是便宜太多了。

一九七〇年代的京瓷還只是間小公司，要從東京打電話回京都總公司的話，因為沒有現在這樣的手機，必須要打公用電話。撥完號碼，對方一接聽，就要不斷投入事先準備好的一大堆十圓硬幣，而且錢一下子就花光了。

——過去的長途電話費真的是很貴呢。

我心裡想，明明美國的通話費那麼便宜，為什麼日本就要這麼貴。總之，應該就是因為國營事業的電電公社（日本電信電話公社，現在的NTT集團）一家獨大，所以才那麼貴，於是心中那個非得做些什麼不可的念頭，就成了創辦第二電電的契機。

一九八二年（昭和五十七年）左右，做為行政改革的一環，通過了通訊自由化政策。除了電電公社民營化之外，民間企業也可以涉入通訊事業，於是我想：「機會來了！」

因為我認為今後將踏入資訊化社會，日本的通訊費用依然昂貴的話會很辛苦。而且費用降低，對國民來說也代表著好日子的到來吧。

只不過，沒有任何一家企業打算要介入。

當時的電電公社年營業額四兆日圓，是一家擁有大約三十三萬名員工的龐大企業。自明治時代以來，以國家資本網羅了全國各地各個家庭的電話線，擁有相當於整個社會生活基礎的資產。

相對於擁有如此龐大資產的企業，如果想要涉入新的通訊事業，要在全日本各家庭中獨自裝設電話線路，所需要的資金相當驚人。因此大家完全抱著袖手旁觀的態度。

捫心自問，是否該投入新事業？

——由於失敗的風險過高，所以任何一家企業都不想「由我們來做」是吧？

是的，就算想做也做不來。既然如此，我便決定由我來做。因為是貿然挑戰龐大的電電公社，簡直有如唐吉訶德（西班牙作家賽萬提斯〔Cervantes〕的小說《唐吉訶德》〔*Don Quijote de la Mancha*〕主角）拿著一根長矛挑戰風車一樣。

我向京瓷的幹部表示：「想要成立第二電電這家通訊事業的新公司。我們自創業以來所累積的資產有一千五百億日圓，希望其中的一千億日圓可以讓我來運用。」因為京瓷這家公司就算花掉了一千億，也不會有所動搖。

但在通訊方面的相關技術與知識，我們什麼也不懂，所以我打算先從任用五到十名優秀的技術人員開始。

——突然決定要「投入新事業」之前，稻盛先生您自己有些什麼樣的考量？

完全只有想要投入的心情。不過，這股想要去做的動機究竟是什麼？在半年當中，每天晚上睡覺前我總要不斷地自問自答。

「動機純善乎？了無私心否？」

這樣問是什麼意思呢？也就是說，你這傢伙最近一直想要創辦第二電電，但是這個想法是來自於要為社會大眾有所作為的善念嗎？難道不是為了以自我為中心和利己之私嗎？或者因為世人稱頌你是有為的經營者而自我陶醉，變得自負高傲嗎？甚至只是為了力求表現而已？

我不是為了個人的利益或欲望去做。藉由創辦足以和電電公社抗衡的通訊公司，可以降低通話費用。我想要對國民有所貢獻。經過了半年，由於確信自己內心的動機和強烈的意願非常單純，不含一絲雜念，便決定「好，就去做吧」。

一九八四年（昭和五十九年），五十二歲時創辦了第二電電（現在的KDDI）。此相片拍攝於創辦紀念會上。半年之中，在睡前不斷捫心自問，確定自己的動機出於善念，才終於決定跨足通訊事業。

第二電電的誕生

——您身邊的人，如何反應？

剛好那時候，在東京有一場商界人士的聚會。承蒙USHIO電機的牛尾治朗先生看得起，向來跟我關係密切。正當我找他商量：「不打破電電公社那種獨占壟斷的事業體制，通話費不會降低。如果沒有任何公司要出面挑戰，我打算進入戰場。」SECOM的飯田亮先生、SONY的盛田昭夫先生也表示：「正好，我們也覺得是該做些什麼的時候了，要行動的話，我們大力支持。」

另外，還聽取了其他前輩的意見，在多數企業經營者均表贊同的支持力量下，一九八四年（昭和五十九年）六月，創辦了「第二電電」，率先表明要進軍電信通訊業。

——創辦那一年的秋天，也出現了幾家公司加入通訊業吧？

想必是因為我這個與通訊業毫不相干的京都中型企業主挺身而出，大家才恍然大悟吧。

國鐵（現在的 JR）系統的日本 Telecom（現在的 SoftBank Telecom）、日本道路公團（現在的 NEXCO）．豐田汽車系統的日本高速通信都相繼報上名號，要進入市場。

日本 Telecom 可以沿著新幹線架設光纖（註 1）網路，日本高速通信也能循著高速公路鋪設光纖。由於兩家公司都已經設備齊全，處於相當有利的立場，應該都認為第二電電絕不是他們的對手。

實際上，我們確實也為了無法解決線路架設問題在思考該怎麼進行。

所以我先去拜訪了國鐵董事長（全權掌管公社事務的領導者），請求對方：「如果要沿著新幹線架設光纖，鋪一條和鋪兩條的意思是一樣的，我們願意付費，希望請求你們幫忙同時架設光纖。」結果對方表示：「如果是我們自己的子公司，當然會讓他們使用。但是憑什麼非得把場所借給貴公司不可？」拒絕了我。

雖然我提出反駁：「國鐵的線路原本就是國家設施，是全體國民的財產，不為公眾利益廣為運用是不公平的！」但還是不了了之。

接著我去了道路公團，拜託他們如果要在高速公路埋設光纖的話，希望可以幫我們一起做。結果：「這件事將由建設省與道路公團共同進行，無法為貴公司鋪設線路。」同樣遭到拒絕。

在美國，國家公共設施如果沒有公平地讓民間企業共同使用，將觸犯公平交易法。然而，過去的日本國營企業並不了解公平在自由競爭中的重要。

之後可以想到的辦法，就是無線傳輸。我想，大概也只有在大阪到東京之間的山林裡架設基地台發射電波了。

可是日本的上空已經有自衛隊、警察、美軍等等單位在使用，所有電波縱橫交錯很複雜，一不小心就會干擾通訊。而且在哪裡有什麼樣的電波經過，這些都是軍事機密，不對外公開，我們完全束手無策。

在社會上，雖然一開始也吹捧我們說「第二電電才是自由經濟的尖兵」，可是當那兩家勢力強大的公司一出頭，社會評論便開始說我們的立場最不利之類的。

不過，京瓷自創業以來便是披荊斬棘、開創前無古人的道路，我仍然很頑強地繼續思考可能的方案，認為總會有辦法。

——即使面臨了無計可施的情況下，也依然不放棄嗎？

因為有了要為國民降低通話費這個重大的目標，即使看似魯莽也要勇往直前的念頭在我心中愈來愈強烈。

結果當時電電公社的真藤恒總經理告訴我：「我們原本就有微波（註2）的無線管道，現在因為全都採用了光纖，所以我想，從大阪到東京的微波管道提供給稻盛先生也無妨。我願意告訴你們管道，要不要使用呢？」於是我們取得了最新的無線管道資訊。

或許真藤先生也認為，要是沒有競爭對手，不可能成功民營化。但是在那樣的緊要關頭有貴人出現，簡直就像打通了一條光明的道路，宣揚這個遠大目標。起步的當時，員工是二十人。就這麼少數幾個人，一起往未知的世界飛奔。

註1：光纖：將光線傳導至遠處的光傳導工具。不受電磁氣影響，可以用極細的訊號線完成長距離的高速通訊。以數位通訊為中心，在通訊上的用途廣泛。

註2：微波：電磁波頻率分類的一種。應用於衛星電視播放、通訊等等。

以悔恨為轉機

——接著，總算開始要架設基地台了。

最初我們在獲利率較高的東京、名古屋、大阪之間設置八個中繼站。人力和財力都有限的情況下，我們派出四名對當地完全陌生的年輕職員，告訴他們：「未達成使命之前不要回來。」從購置用地、建構設備到架設無線裝置都是一手包辦的艱辛任務，實在非常辛苦。

國鐵系統的日本Telecom，以及日本道路公團．豐田汽車系統的日本高速通信這兩家公司，只要在既有的場地鋪設光纖就行，而我們卻必須翻山越嶺，利用直升機或車輛運送鋼筋水泥，架設基地台。

我不斷呼籲並鼓勵大家：「現在我們遇上一個百年難得的好

在好不容易才攀登上去的險峻山峰裡，建造基地台中繼站。大型機器設備用直升機搬運，小型物品依靠車子與人力運送，總算得以完成。所有工程在短期內一氣呵成。

機會，要對這樣的機會心存感激，同時善加利用。」

就這樣，將遭受國鐵與道路公團拒絕共同架設光纖的悔恨當成轉機，燃起大家的鬥志，在兩年四個月之內就開通了人家說至少要花上三年才能完成的傳輸線路。

——所以是在接二連三的挑戰下，歷經千辛萬苦才得以開創的事業呢。

我們利用架設好的通訊路徑開辦各企業專用的服務，是在一九八六年（昭和六十一年）的十月。

但是大多企業還是傾向於選用擁有多數關係企業或往來客戶的JR集團、還有日本道路公團・豐田汽車集團。第二電電的處境極為不利，起初談成的客戶數最少，在業務推廣上也不太順利。

不過在個人使用的長途線路業績方面，我們想盡各種方法，讓第二電電的簽約件數遠遠超前。我覺得，抱持著要降低通話費、為社會大眾有所貢獻的心情去行動而獲得這樣的結果，一切辛勞也總算有了代價。

——接著是在一九八六年通訊自由化的下一波，隨著電信法在行動通訊方面的修正，確定了如今的行動電話自由化是吧？

是的，就在第二電電創辦後不久。當時的行動電話體積大到必須用汽車才有辦法搬運。可是我們預估在不久的將來會逐漸小型化，製造出一手可以掌握的行動電話，於是便在第二電電的幹部會議上提議：「率先加入吧。」

這是因為打從美國半導體事業起步開始，京瓷就已經開發半導體封裝技術，對於半導體的高性能、小型化與極快的速度有著深刻的體會。

可是由於第二電電的經營還沒上軌道，公司內部幾乎都持反對意見：「這項事業，不論在ＮＴＴ或美國的通訊公司都還是面臨虧損的情況。第二電電才剛起步，將來會如何都不知道。說要做車用行動電話什麼的，就算魯莽也該有個分寸吧。」

然而在這一片激烈反對的聲浪中，只有一個人表示：「不，誠如會長所說的，我認為這項提案很有意思。」

或許多少有那麼點樂觀、不知輕重的感覺，但是在這種遭到大家反對的時候，我開心地對他說：「你說得好。大家都反對也無所謂，我們兩個人一起來做！」便展開了行動電話事業。那也就是目前ＫＤＤＩ的「au」行動電話服務的開端。

這聽起來像是在胡搞瞎搞似的，但事實上，對事物經過一番思考之後要如願以償，具有相當樂觀的計畫構思也是很重要的。

當時我認為，行動電話的普及應該會給生活帶來極大的方便。雖然一樣面對了接二連三的難題挑戰，一路顛簸險峻，但無論任何事必然都伴隨著考驗，如果不設想它的「可能性」，什麼也做不成。因此，不要去思考會有多麼艱難，樂觀面對才是最重要的。

成功之前絕不放棄

——資本雄厚的公司，往往不會出現挑戰者。這是為什麼呢？

我們這一代，歷經過第二次世界大戰那一段辛苦的日子。那是一個不拚命奮鬥就無法活下去的年代。

由戰爭中歸來、如今九十歲左右的那一輩，他們是在空無一物的基礎下陸續創辦這些企業。為戰後社會增添色彩的這些了不起的企業，僅只憑靠著滿腔熱血去發展，拉抬起戰後的日本。

——稻盛先生您也是這樣吧？

我和那一代的前輩差一輪，小了十二歲左右，我們與這些前輩之間是以夥伴的關係在互動。

他們全力以赴，努力讓戰後的日本經濟復甦，甚至推動日本成為世界第二經濟大國。

接著，一九八〇年代後半的景氣熱絡期（註 3）結束後，有二十多年都處於低迷的狀態。

不過倒也沒有因為不景氣而變得非常辛苦、生活無以為繼，過去興盛繁華的餘韻尚存，所以是以一種坡度較緩的態勢逐漸滑落。在這種有利的環境下，相信有許多人認為：與其要自己去冒險，說不定讓公司維持原貌順勢發展就行。

——或許是因為保有和平盛世時期的思考方式，並沒有發現到時代已經改變了吧？

現今日本企業中的經營團隊，幾乎都是好學校畢業的資優生，很少有機會體驗真實社會中的艱難辛苦，也不曾做過什麼重大的決定。也就是一群沒有過激烈廝殺、力爭上游等等經驗的世代。

單單只有這些頭腦聰明的人在，不會孕育出新興企業（註4）。因為打從最初的構想階段，就會有一大堆反對意見走在前頭，很難開創什麼嶄新的事物。

然而，不論是成功或失敗，不先著手去做，永遠沒有開端。先去設想「可能性」，什麼也不會開始。

現在回想起來，第二電電是自明治時期以來首度挑戰國營事業的民間單位，完全是破天荒。我認為之所以能夠獲得成功，最重要的因素在於成功之前絕不放棄的精神。

曾經談到有關京瓷在研究開發上的做法時，被問到：「京瓷在研究開發上的成功機率有多少？」

我回答：「在京瓷，我們經手的研究百分之百會成功。」

這種事似乎聽起來不可思議，但是我會再補充一句：「在京瓷，我們進行一項研究開發會持續到成功為止，基本上，不會出現因為失敗而告終的例子。一直持續到成功為止，就是我們對研究開發的態度。」

事實上，「覺得已經行不通的時候，工作才正要開始」這就是京瓷的想法，因此幾乎沒有「放棄」這回事。一旦開始研究，就會貫徹到成功為止。當然，實際上也許不是百分之百成功，但如果不是努力到了極限、無論如何都不行的話，絕對不放棄。

說些冠冕堂皇的理由自我安慰，立刻就放棄的人，想必不會成功。不輕易放棄自己立定的目標，必須死心踏地、貫徹到底。

註3：景氣熱絡期：經濟活動蓬勃活躍，社會上的金錢流通狀況良好。

註4：新興企業：具創造性、革新的新型事業。

勝不驕、敗不餒

我年輕的時候，遭遇過無數次失敗與挫折。

人一旦面臨了艱辛或痛苦的處境，都會想要擺脫。然而現實生活中，大多事情是即使想逃都逃不了。

人生中儘管運勢不佳、懷才不遇，也要堅忍不拔、積極樂觀、持續不斷地努力，我個人也是藉著這樣的做法實現了夢想。

新興企業的經營者中，有些人年紀輕輕就創辦了很棒的公司，成為億萬富翁。可能有許多人會覺得真是幸運。

不過，這樣的成功對他來說也是一種試煉。很年輕就成為有錢人、高高在上，不知不覺就會變得傲慢、奢華。

於是有一天，報應就來了。過去那麼拚命努力、不浪費一分一毫，好不容易才成功，一旦成功就不太認真工作，將時間和金錢都耗費在興趣或玩樂之上。

甚至也有人會開始擺架子、逞威風。如此一來，成功、還有得來不易的地位便會在轉瞬間消失，反而讓人陷入更悲慘的命運。

少年得志也絕對不要趾高氣昂。另外，即使面臨災禍或是重大挫折也不必氣餒。重要的是無論失敗也罷、挫折也好，自己要知道如何去承受應對。

我認為，正面迎接種種試煉並以此為契機，更進一步付出努力，正是鍛鍊琢磨自己的方式。

第7章

為貫徹信念

重建JAL（日本航空）的意義

——接下來，想請教稻盛先生有關重建經營不善的ＪＡＬ（日本航空）的經過。由於這項任務實在太艱鉅，我還曾經猜想，不知是哪位要來重新整頓這家企業。後來得知稻盛先生接下了這份工作時，嚇了一跳。為什麼您會想要承接這個重擔呢？

有關於航空業的工作，因為我從來沒有經歷過，所以當下我拒絕了對方，「你們要我這個外行人來重新整頓航空公司，是不可能辦得到的」、「照理說還有對業界更為熟悉的人士，應該去拜託他們才對吧」。

起先，他們就這麼離開了。但是後來不論我拒絕多少次，他們就是一再上門拜託。差不多到了第五次、還是第六次的時候甚至說：「除了稻盛先生之外，沒有別人了。」為了這件事，我也真的是傷透腦筋，開始思考重新整頓ＪＡＬ的意義。

首先，ＪＡＬ如果再度面臨破產，已經停滯不前的日本經濟將受到更大的傷害，對社會也會有不良影響。

接著，整頓ＪＡＬ雖然要裁撤許多人，但還是有數萬名員工會留下來。就保住這些人飯碗的這層意義來看，確實是非得要重建不可。

再來，如果無法重建的話，日本的大型航空公司就只剩下一家。資本主義的經濟體制下，在自由競爭中進行合理的競爭很重要，一家公司獨占市場的情形，絕對要避免。

一想到這三項重大理由，覺得ＪＡＬ的存活非常具有社會意義，而且既然大家說：「除了你之外，沒有別人。」自己是否不該只顧著自身利益，應該要接下這個任務呢？自己的心境漸漸起了變化。

──為了日本社會，即使犧牲自己也無所謂，您是考量至此才接下了這項任務嗎？

我所創辦的京瓷和ＫＤＤＩ（過去的第二電電）都運作得很順利，沒有任何欠缺。我只是覺得，利用剩餘的短暫人生為ＪＡＬ的重建去拚命，或許具有一番社會意義吧。這整件事就像突然從天而降似的，如果我不是對它有所謂正義、或是具重大意義的感受，應該不會產生想要去做的念頭。

——如果失敗的話……難道您沒有擔心過嗎？

我心裡有的只是「這件事非做不可」的想法。

就我個人的人生觀，只要心裡有那麼一丁點「如果不行的話……」這樣的念頭，那便成不了事。

我認為，對於「非做不可」的想法，即使再怎麼束手無策，只要肯努力必然有路可走。然而「不知道會不會順利？」的那種念頭，只要像這樣有一絲絲懷疑，或許都會讓心中所想的無法如願吧。

二〇一〇年（平成二十二年）二月一日，就任 JAL 會長一職並與大西賢社長出席記者招待會場上。由當天起至二〇一三年三月三十一日為止，大約三年的時間在經營上全力以赴。

平民百姓的感受最重要

——您對JAL的第一印象如何？

在對航空業完全一無所知的情況下，我所知道的只是JAL提供給乘客的服務等，整體來說並不好。京瓷在國外的工作很多，我常搭飛機，所以過去有這樣的感覺。

事實上在接下JAL這項工作之前，有好幾年我都因為討厭JAL，幾乎只搭乘別家航空公司的飛機。

——是哪些地方讓您如此不滿意？

該說是完全照本宣科嗎？也就是心中沒有那種為乘客設想的心意時，在表情上或態度上當然就無法展現出來。就這部分而言，我討厭ＪＡＬ。

去到這家自己不太喜歡的公司，首先會晤了一些幹部備選人，當場我就先從「討厭ＪＡＬ」這件事談起。

會議進行了一個半鐘頭左右之後，我詢問這些幹部的意見。結果，完全就和我在公司外部所感受到的一樣。

這個組織，可以說聚集了一群頭腦很好的人，非常官僚式的作風，說話頭頭是道、冠冕堂皇。但是在我這種平民百姓看來，他們所說的話不真誠、有口無心，這就是我當時的感受。

——有口無心？

原本，我就是由中小企業起家，也就是所謂一般的平民百姓。因為是從底層慢慢往上爬，所以我認為這些平民百姓的感受是最重要的。

由這個角度去看，現在的官僚大多數都相當自負，認為是他們那群人在支撐這個國家，除了自己之外，沒有其他人是認真在為國家設想。他們治理國家，制定一切方案，然後實行。至於平民百姓只要跟著走就對了。

因此，他們不會想要去了解百姓的感受。長久以來，我與百姓同一陣線，看著他們這種態度，心裡一直很討厭那種官僚的作風。

同樣的風氣，也存在於當時的JAL之中。我認為這樣的作風當然無法讓數萬名員工同心協力齊步走，公司會瓦解也是意料中的事。

改變意識

──要改變想法，似乎需要大幅度的意識改革，稻盛先生是如何直搗核心呢？

首先，要徹底摧毀菁英分子的官僚意識。接下來，要治理、牽動人心，我認為最重要的是「愛與真誠」。也就是一顆關愛他人的心。

公司的經營團隊，也就是這些身為幹部的人如果不受尊敬，無法讓下屬感到「這個人真是了不起，想法和行事作風都令人敬佩」的話，絕對難以拉攏人心。所以我先從「改變我們的心態吧」這件事開始推動。

──當時在JAL內部的反應如何呢？

雖然大家一副「恍然大悟」的模樣，但是說到具體上該怎麼做的時候，我提到了所謂「愛與真誠」，也就是一般非常基本的道理。例如「臉上多一點笑容」、「誠心誠意對待客戶」，具體說明起來變得好像在教孩子似的。

這些一流大學畢業，如今當上大企業幹部的人在聽我說話時，臉上帶著「什麼嘛，這種事還要你說」的那種神情。只是因為我認為這部分非徹底說破不可，硬是繼續往下說：

「儘管各位臉上都露出『大家又不是小孩子，這種事不必刻意說明也知道』的表情，以各位的頭腦，這些事想必聽了都能明白。然而就算獲得了知識上的理解，如果不融入自己的身體、充滿內心，實際以行動去表現的話，其實就和不明白沒有兩樣。更不用說要把這樣的想法當成人生態度了，是吧？

從今天開始，就讓我們以『身而為人，何謂正道』為基準，由這一點去判斷一切事物。

即使有筆生意對公司是有利的、是賺錢的，也要捫心自問，這件事對人類來說是否正確，所有不正確的事一概都要摒棄。

員工的品性如果不良善端正，公司不可能有卓越的發展。各位或許會覺得『少把我當傻瓜了』也說不定，但是首先，還是非得讓大家切實了解問題的根本才行。」

——此刻，正好也點醒了我。原來您的意思是，就算認為自己已經明白、已經知道了，如果不是實際基於那樣的道理去行動，就等同於不知道，是吧？

僅僅當成知識去認知理解，一點意義也沒有。是否成為實際的行動準則，才是最重要的。

——要做到可以導入行動，必須對全體員工進行全面的意識改革。具體來說，您的做法是？

必須讓大家的意識產生變革。我們到底該具備什麼樣的人生觀與哲學思想？企業想要經營得卓越宏偉，經營者所應持有的人生觀與哲學思想非常重要。

自一九五九年（昭和三十四年）京瓷創業以來，我一直持續不斷對員工談論到經營時所必需擁有的「京瓷哲學」觀點，並與他們共同去實踐。

「京瓷哲學」的基本，就是以「身而為人，何謂正道」為判斷標準。像是不可以說謊、不可以給他人添麻煩、為人要坦率正直、不可以貪心、不能只想著自己等等，是我們大家從小就會從父母師長那裡學習到的簡單規範。

只要以這樣的生活態度過日子，每個人的人生將能變得幸福，公司整體也會繁盛昌隆。這就是我不斷對員工說明並且共同實踐至今的論點，將這樣的理念與大家共享，我認為相當重要。

——這裡有一本《京瓷哲學手冊》（請參照第九十九頁圖片說明）。一翻開目錄就可以看到「京瓷的目標」，列出了很多項目。

．以心靈為經營之本
．遵循原理原則
．整合向量
．抱持感謝之心
．以利他之心為判斷標準
．追求個人無限的可能

這本《京瓷哲學手冊》，我們的員工經常隨身攜帶。其中雖然也列出一些看似有點嚴厲、死板的大道理，對生活態度要求嚴格，但是我認為這些都非常重要。

我們以此為經營之本，一切的判斷標準。遵循這些從事經營，就能步上正途不迷惘。甚至我認為，自己就是因為有這些理念的支持，才能將事業導向成功之路。

事實上，創立ＫＤＤＩ當時也一樣。我是一名陶瓷方面的專業人員，但有關電信通訊卻完全一竅不通，是個外行人。儘管如此，我依然大膽進入電信通訊業。當然，抱持著「為世間眾人」的心念是關鍵，但另一方面也是因為覺得如果成功了，就證明自己的哲學觀並沒有錯。

在社會上，陶瓷事業因為是順應時勢潮流所以獲得了成功發展的好評。但是想到ＫＤＤＩ得以發展成為一家堅實挺拔的企業，想必就能說明實踐了這套哲學並沒有錯。

因此，衰敗的ＪＡＬ為了往後要蛻變重生，需要一套什麼樣的理念與哲學觀是極為重要的。所以我將《京瓷哲學手冊》遞給了ＪＡＬ的幹部們，請他們參考那些內容去整合出ＪＡＬ的哲學觀、人生觀與理念。

於是當時的社長與主管幹部齊聚一堂，一連召開了好幾天的研討會所構思出的就是「JAL哲學」。雖然內容相近，卻是他們依自己的想法去整理完成的。

——據說這套「JAL哲學」是祕傳不外流的？

雖然是這麼說，不過，就請翻閱手冊吧。

——容我拜讀一下。首先一翻開，是稻盛先生的引言。然後是企業理念。

JAL集團追求全體員工在物質與心靈上雙方面的幸福。
一、提供客戶至高無上的服務。
二、提升企業價值，爲社會的進步發展有所貢獻。

在構思這樣的企業理念時，與JAL重建工作相關的會計師、律師和財產受託管理人等曾經問我：「JAL的經營目的，就是要追求全體員工在物質與心靈上雙方面的幸福嗎？」他們認為：「其實可以提出一些格調更高的目標或理念，真的就只是這樣嗎？」而感到吃驚。

我回答他們：「這樣就夠了。員工如果不是打從心底感覺到幸福的話，公司不可能有良好發展。目的等雖然可以寫出一大堆、寫得冠冕堂皇，但不過就像空口說白話，那些內容根本事不關己。

最重要的關鍵，是讓員工覺得可以在這家公司工作實在很棒。如此一來，企業價值提升，同時也會反映在股價表現上。一切的原點就在於創造一個讓員工覺得幸福的狀態。除此之外，應該沒有其他方法了。」

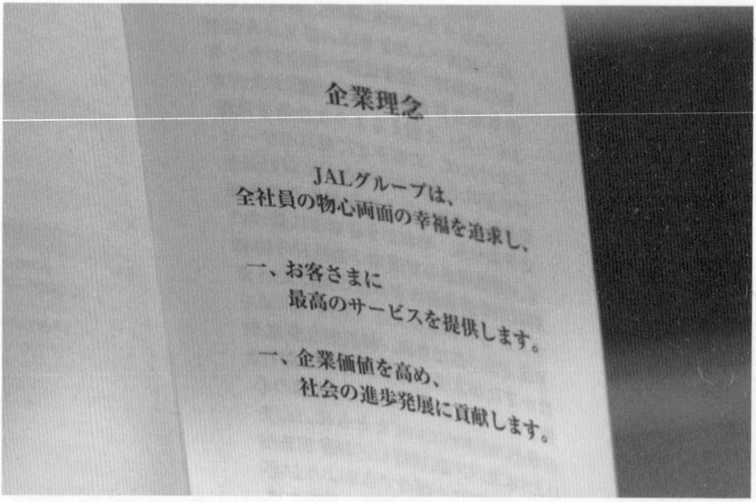

《JAL 哲學手冊》中揭示企業理念的一頁。該公司的企業理念是「追求全體員工在物質與心靈上雙方面的幸福。」

謙虛謹慎、不自傲

——近年來，航空業也有了大幅度轉變，就連廉價航空公司也出現了。您想要給這些後生晚輩什麼樣的叮嚀呢？

目前的ＪＡＬ在全世界航空公司中，已經被評價為獲利攀升的優良企業。不過要是因為這樣在經營上就得意忘形，依然相當危險。我想要說：「無論何時都不忘謙虛、不要自傲，在經營上小心謹慎。」

儘管也有股東表示：「將公司經營再擴大，如何？」其實單單只是謀求營業額的擴增，公司不會有良好發展。無論如何，我都希望在經營上務必慎重。

實際參與ＪＡＬ的營運之後，我覺得再沒有其他行業比航空業更艱難了。即使戰戰兢兢，很認真努力經營，也會因為社會整體的變動而使得業績大受影響。一旦外幣匯率（本國與他國貨幣的交換比率）改變，營業額就會受牽動。在中東地區，有爭端，原油價格就飆漲，燃料費增加就會讓獲利狀況變糟。萬一要是發生飛行事故，事態更將一發不可收拾。

說真的，待在JAL的三年當中，隨時都處於不知何時會有狀況發生、面對可能出現虧損的情形，總是提心吊膽，片刻不得安寧。

二〇一二年（平成二十四年）九月十九日，JAL 破產後經過兩年八個月，再度回歸東京證券交易所的第一步。
由於始終抱持著使命必達的決心，此刻更加令人有無限感慨。

第 8 章

人人皆能幸福的經營

「盛和塾」的活動

——稻盛先生針對中小企業經營者所舉辦的「盛和塾」活動是在您五十歲之後開始的，至今依然熱情不減。這是基於什麼樣的想法，試圖傳達什麼樣的訊息而創辦的呢？

由於二十七歲創辦京瓷時，我是一名技術人員，清楚知道相關的專業技術。可是在經營方面我什麼也不懂，就只是拚了命試著去模仿學習怎麼做。

在我過了五十歲之後，看看社會上，也就是日本產業界中的大企業不過是極少數，剩下有百分之九十九都是中小企業。這些中小企業經營者究竟該去哪裡學習所謂的經營，仔細想想，其實沒有任何地方可以教他們。

在商職裡雖然會教簿記，但不會教經營。在大學的經營系所會教導相關的學問，卻不會告訴你實際經營的樣貌。

——在學校裡不會教經營管理嗎？

日本的中小企業，大多是從祖父或父親那一代起步，然後交由子女來繼承經營的方式。

因此，每個月他們聽取會計人員所整理報告的營業額、開銷（事業的成本支出等花費），一邊了解這個月賺了多少或是賠了多少，根據這樣的數字去經營。並認為這就是經營。

但所謂的經營究竟是怎麼一回事？經營者需要什麼樣的心理準備？又必須具備哪種想法？這些事，幾乎沒有任何人會教我們。我認為這是很嚴重的問題。

為年輕經營者創辦的經營學堂「盛和塾」，成立於一九八三年（昭和五十八年）。海內外共有七十九所學堂，學生人數超過九千人。
起初是以志願服務性質去推廣，但做夢也沒想到會發展成如今這番規模。此後，只要時間上允許，依然想要為大家提供有關經營與人生上的指引。

以員工獲得幸福為經營目標

——您的意思是，對經營者而言最重要的「理念」沒能確實傳達嗎？

當年我成為京瓷的經營者時，曾經想先找一些有關經營的書籍來研讀，但始終沒有一本書提到我想知道的內容，讓我吃足了苦頭。

因此，想要與大家分享「所謂的經營是怎麼一回事」的念頭，就成為創辦「盛和塾」的緣由。

盛和塾，固然是以企業的「興盛繁榮」與人品的「敦良和睦」為目標，同時也是取自我個人姓名中的兩個字。歲月荏苒，三十多年過去了，如今拓展至美國、巴西、中國、台灣等地，有九千名以上的經營者成為我們的學員。昨晚，我還在橫濱參加了盛和塾關東地區的年終塾長例會，與大家會談一個半鐘頭左右。

——如果要用一句話來說明所謂的經營，您認為是？

所謂的經營，假設你經營了一家公司，即使是員工只有十名左右的迷你型企業，這十位員工也必定有他們的家人。因此必須守護那些人的生活。

我對大家說：「或許你想得很簡單，不過你一旦經營不善，失去了這家公司，你的員工就會流落街頭。就算是繼承家業，同樣也背負著重大的社會使命。不先認清這一點的話是不行的。」

經營並非單純的賺錢，為了使公司卓越發展，就必須了解經營，而其中經營理念比任何事情都來得重要，此外也要留心員工的培育。

──經營者所必備的是什麼？

我在盛和塾裡經常說：「各位的努力，請務必不落人後。」來到這裡的學員，大多數是企業的第二、第三代，我代替他們的父執輩給予嚴格的教導。他們就算不聽父執輩所說的話，在盛和塾，倒還願意接受我的提點。

「既然繼承了如此傑出的公司，就請各位比任何人都更加努力。而且要將自己由上一代所接手的公司，發展得更卓越，壯大數倍加以回報。」

雖然有許多人表示：「我很努力。」但我會毫不留情繼續追問：「你真的比任何人都努力嗎？」要付出不輸給其他任何人的努力，是相當艱鉅的任務。

「看看身邊的人吧。當你在睡夢中的時候，有些人依然努力不懈。請各位也不要認輸，繼續加油。對於工作，如果不是努力奮鬥到那樣的程度，不可能發展順遂。」

總之，這就是努力付出不落人後。在讀書或運動競賽方面，如果要追求極致的表現，也是同樣的道理。如果不是對一件事情認真努力到連睡覺都覺得可惜的話，終將流於平凡，一無所成。

——往後，或許將進入經營更加艱難的時代，您最希望傳達給未來這些經營者的想法是什麼？

經營的動機，如果單純只是為了賺錢或是拓展家業，絕對不可能有良好發展。

也許有機會達成一時的榮景，但就如前面所提到過的，雇用人才關係到整個社會，在經營上必須以全體員工都能幸福為主要考量。

經營高層所抱持的人生觀、哲學思想與理念決定了一切。一家公司的發展，說到底，不過就是與經營者的氣度、人品相契合罷了。

一旦成為大企業的經營者，有公司車代步、有交際費可以運用。這是因為身為經營者的你比他人更辛苦、承擔更多責任，並且肩負員工的幸福。為了回報你所付出的，讓你享有公司專用車的福利，而非是因為你比較偉大。所以我會告訴這些經營者，必須對一切相應的責任有所自覺。

經常看到有些人因為冠上了經營者的頭銜就變得不可一世，趾高氣昂認為「老子是社長、是專務董事。」事實上，隨著地位的攀升，責任愈來愈重大。我希望各位可以時常自我警惕，謹慎檢視自己的言行，成為努力認真的經營者。

素直的心

——成為經營者之後，會面對各式各樣的商談請益，要做出正確判斷，似乎是一件相當困難的事，您覺得……？

通常，因為不想讓身邊的人討厭我們，很容易變成該說的事說不出口，或是無法貫徹正確的行為。所以為了依循正確的方向去進行工作，必須具備貫徹到底的「勇氣」。

尤其是一旦成為了經營者，想讓工作確實無誤去推展進行，總會在各個關鍵時刻面臨必須做出正確決策的處境，這時候便需要勇氣。我自己在經歷過京瓷長期以來的經營之後，從中領悟到這樣的道理。

小學時期的我，是個孩子王，大學時代也學過空手道，對自己的腕力還頗有自信。說起來，由於身體強健，在精神上也兼具韌性。

然而這種對自己拳頭有些自信的人，往往脾氣暴躁、不甘示弱，常常會去招惹一些不必要的爭端，或因為在工作上一意孤行導致失敗。經營者所需要的不是這種「野蠻的勇氣」，而是「真正的勇氣」。

因此，身為經營者，無論如何都需要一些「憂懼」的本質。無論是借錢也好、開創事業也罷，不管做任何事從一開始就戰戰兢兢並小心謹慎的人，將會不斷累積經驗，培養出膽量和氣度。那樣的人，才是會成長為具備真正勇氣的人。

基於這樣的想法，我在錄用員工時不會選擇原本就看起來大膽而好戰的人，而是讓小心謹慎、懷有憂懼心的人去慢慢累積經驗、培養勇氣。我認為，藉此才能培養出真正必需的勇氣。

——小時候常有人告訴我們「素直的心」很重要，這樣的特質，即使連大人、甚至是經營者也需要嗎？

我認為這是相當重要的。

看看這些參加盛和塾的學員，就知道他們便是抱持著「素直的心」。會試著想要了解並學習所謂經營哲學這種認真嚴肅的事，到底還是因為有著一顆素直的心。如果是扭曲乖僻、抱持嘲諷的態度、不素直的心，應該不會想要聽從我這套理論。

所謂的素直，很容易遭人誤解為順從的意思。其實它是一種承認自己有所不足，並且願意為此去努力的謙虛態度。

有能力，或是性情激進、固執倔強的人，往往不願意聽取他人的意見，即使聽了也會反彈。然而真正會成長的，是那些抱持素直的心、願意傾聽他人意見、經常自我反省、能夠正視自己問題的人。如果沒有一顆單純樸直的心，想必我們不會成長，也不會進步。

提倡「素直的心」非常重要的人，是松下幸之助先生。松下先生連小學都無法如願讀完，卻創辦了 Panasonic 這家人企業。松下先生的原動力，正是來自一顆「素直的心」。

松下先生在二次大戰前早已經獲得豐碩的成果。若在當時他就驕傲自滿，認為「自己很偉大」，恐怕也只有那樣的表現罷了。不過，即使隨著年歲增長，他依然表示：「自己小學沒畢業，沒有學問。」同樣抱持著「就算是聽來的知識，也要虛心向他人求教，讓自己獲得成長」的這種態度。為此，他聽取旁人建議，努力學習各種事物，讓人生事業得以成長進步。

所謂「素直的心」就是承認自己的不足，保持一顆純淨無瑕的心靈，持續不斷學習的那種謙虛的態度。那就是成功的關鍵。所以我在「京瓷哲學」之中將「抱持素直的心」列為重要項目。

成功伴隨著自我犧牲

——目前為止，稻盛先生為了員工和他們的家人奉獻了自己的人生，但不知道您本身、還有家人是否也都感到幸福？

……你這個問題，其實是最難回答的。

我有三個女兒。有一天晚上我回到家，對她們說：「連妳們的小學、中學的家長參觀日還有運動會都不能參加，真是很抱歉。爸爸有好幾千名員工的家庭要照顧，而這個家庭裡又有好幾千名的孩子。爸爸必須連他們一起守護。儘管知道妳們三個很孤單，但也只能請妳們認命，當作是無可奈何的事吧。」就這樣，說了諸如此類的話。

又有一天晚上，我喃喃自語：「爸爸之所以在工作上這麼拚命，是因為我們家雖然沒錢，卻把房子抵押給銀行借了錢，萬一公司倒閉的話，這個家可就全都完蛋了。鍋碗瓢盆什麼的或許會留下來給我們，但其他的東西全部都會被拿走。」女兒們說，當時一聽到這些，背脊都涼了。

後來她們長大了，曾經對我表示：「你說那些話，叫我們這些孩子要諒解，根本是不可能的事。我們當時都覺得爸爸實在太冷酷了。」我這個當爸爸的，反而是讓孩子們擔心了，是吧？

英國哲學家詹姆士・艾倫（James Allen）（註 1）說：「期盼莫大的成功，就必須投注絕大的自我犧牲。」

如果想要有一番作為，當這個理想愈是宏偉，就愈加伴隨足以與之匹敵的自我犧牲。不願犧牲自我，成功不會到來。

確實是如此。想要顧及這些那些、完全盡善盡美，這是不可能的。我無暇顧及家人，沒能為她們做些什麼。擁有能夠為我犧牲忍耐的妻女，感覺很慶幸。所有的一切正因為有著家人的支持，我由衷地感謝她們。

註1：詹姆士．艾倫（James Allen）：一八六四年至一九一二年，生於英國。受到托爾斯泰的著作啟發，自三十八歲開始專注於著述創作。代表作品有《「原因」與「結果」的法則》（暫譯）。

來自於工作的喜悅

——以驚人的領悟與決心，忙碌奔走到了今天，您打算如何安排往後的時間呢？

由於ＪＡＬ的經營狀況已經穩定下來，所以我辭去了職位，也總算重獲自由。眼前正想著該好好放鬆去旅遊一下之類的。

我的人生，到目前為止一直是以工作為重。曾經有人問我，只有工作豈不是太乏味了嗎？其實，雖然有人認為興趣和娛樂也是必須擁有的，但是我卻覺得，真正可以讓人們打從心底獲得喜悅的，還是工作。

興趣或玩樂的樂趣，是擁有充實的工作後才能體會得到。輕忽工作而只在興趣和玩樂的世界裡找尋快樂，或許可以得到一時的歡樂，卻難以體會從心底湧現的喜悅。

當然，所謂工作的喜悅並不像糖果那麼單純，一入口便可以立刻感覺到甜味。辛勤的勞動要透過艱辛痛苦逐漸榨取滲透，喜悅就潛藏在超越痛苦之後。

正因為如此，工作上所獲得的喜悅格外不同，絕對是興趣或玩樂所無法取代的。回顧自己的人生，我真切感受到沒有任何一種喜悅可以取代那種努力認真、拚命在工作上全力以赴，超越艱辛痛苦達成目標時的成就感。

不過，有時候就算在工作上費盡心力，也不見得必然有好成果。甚至因為這樣而沒有成就感，讓人意志消沉。這樣的過程，其實是在為我們打造身而為人的基礎，扮演著磨練個人品格、修養心性的角色。

——要如同稻盛先生這樣對工作樂在其中，應該怎麼做才好？

我認為，無論任何工作只要認真投入，漸漸就會出現一些快樂有趣的部分。變得有趣時，工作意願增加，不久便醞釀出成果來。有一天，自然會發現自己不知何時開始已經樂在其中了。

即使對工作感覺厭惡到了極點，也要努力再試試看。硬著頭皮，下決心再積極嘗試看看，想必將會成為改變人生的轉機。

這種時候，最重要的應該是「戰勝自己」吧。像是克制自己的欲望，警惕自己想要受到特別照顧的念頭。如果無法做到這樣，什麼目標都難以達成，也不可能將自己的能力發揮到極限。

比方說，所謂的學霸，就是連想看的電影和電視節目都不看，戰勝那個試圖尋求安逸舒適的自己，積極面對用功讀書這件事的人。在社會上獲得成功的人也一樣，絕對是克制想要玩樂的心情，在工作上全心投入的結果。

換句話說，我覺得工作要樂在其中並獲得成功，似乎就看自己是否能夠對工作老老實實地全力以赴，用心投入。

——工作是崇高的吧？

只將工作視為換取生活所需或物質的手段，是錯誤的。我希望讓年輕人知道，工作的確有其意義與價值。無論是哪種職業，人們透過工作去認識社會、進而成長。

與其要說頭腦很好、自一流大學畢業什麼的，都還不如藉由不斷默默地累積吃苦耐勞、對工作鞠躬盡瘁的經驗，更能鍛鍊一個人。

在運動界裡也一樣，辛苦磨練並克服困難之後，將成長為極具魅力的人。因為各式各樣的歷練可以塑造一個人。

為了提升自己的心性、豐富心靈，要在工作上全力以赴。我想，如此一來，必能藉此讓自己的人生變得更加卓越。

——您的意思是，腳踏實地努力耕耘很重要，是吧？

能夠有今天的我，是因為一直以來對於毫不起眼的工作不厭其煩，而且持之以恆到現在的結果。

我覺得，年輕人都有自己「想要實現豐功偉業」的一套夢想。夢想的實現，要從腳踏實地的努力開始。不為付諸實現去努力耕耘而只是描繪夢想，那麼終歸也只是夢想而已。

人生路上，不會有電扶梯如此便利的工具，只能依靠自己的雙腿一步步前進，憑著自己的力量去攀爬。

年輕的各位或許認為：「那樣一步一步走得太慢，豈不是耗盡一生也無法實現夢想？」事實上，正因為一步步的累積，才會出現有如魔法般的相乘效果。

每一天的踏實耕耘，將召喚更多努力與成果，讓人在不知不覺中到達難以置信的高峰。生長於鹿兒島鄉下地方，再平凡不過的我，時至今日所完成的這些，就是證據。

我認為這是不論在學習、運動或是工作上，實現夢想唯一且確實的方法。

「認真拚命投入工作」這句話或許聽起來平凡無奇，但是人生的真理，似乎正是潛藏在如此平凡的一句話裡。

無論何時都樂觀開朗、心存感謝

有句話說：「禍福宛如糾纏交錯的繩索。」意思是說，禍福相依，好事與壞事交織而成的即是人生。因此，不論遇上好事或壞事，對於一切都要心存感激的過日子。不只在幸福降臨的時刻裡，就連遭遇災禍都要表達謝意。

只不過話雖如此，不論晴雨都要一貫心存感謝，其實極為困難。像是遇上災難的時候，即使嘴上說著應該要當成是一種修練並表示感謝，但實在很難做到。倒不如說，想著為何只有自己面臨如此遭遇，心懷怨恨而憤憤不平的才是人性。

反過來說，當諸事順遂、受命運之神眷顧時，是否內心就會湧現出感激之情，似乎也不見得。有些人會認為順利就順利吧，完全當成是理所當然。更別說還有人會貪心地想著這麼好康的事可以「再多一點」。

必須要做的，是將「無論何種遭遇，都應抱持感謝之心」的想法刻劃在心裡。即使沒有自然湧現出感謝的心意，也要提醒自己懷有感謝的想法。

如果遭遇的是困難，便感謝它給予自己成長的機會；若是好運降臨，更要表達感激的心意。事先在自己的內心裡，有意識地準備好能夠如此去解釋、去認知的空間。

我認為只要心存感謝，無論置身於什麼樣的狀況下，都能體會到滿足感。

無論再怎麼樣艱辛，總要以積極正面的態度展現個人理想，持續抱持希望。人生是美好、充滿希望的。說來也神奇，但人生順遂的人都抱持著一顆積極開朗的心。滿是抱怨不滿、憎恨怨懟的人，絕對無法踏上美好的人生路。

相信任何人都能開拓光明的人生。首先，要抱持這樣的信念，持續以不落人後的精神去努力，必定有美好的未來等待著各位。

稻盛和夫　簡歷

一九三二年（昭和七年）一月三十日，生於鹿兒島縣。

一九五五年（昭和三十年）自鹿兒島大學工學院畢業後，任職於京都礙子製造商松風工業。一九五九年（昭和三十四年）四月，創辦京都陶瓷株式會社（現為京瓷株式會社），並將公司發展成為全世界屈指可數的優良企業，擁有精密陶瓷、半導體零組件、電子零件裝置以至於成品、系統等等領域寬廣的生產品。歷任總經理、董事長職位後，自一九九七年（平成九年）起擔任名譽董事長。

一九八四年（昭和五十九年）因應電信通訊事業自由化，創辦DDI（第二電電株式會社）。在實現國內長途電話費低價化的同時，一九八七年（昭和六十二年）起更進軍行動通訊事業，陸續設立八家行動電話公司，對於行動電話的快速成長與普及有所貢獻。

二〇〇〇年（平成十二年）十月，藉由DDI、KDD、IDO的合併，成立KDDI（現為KDDI株式會社），擔任名譽董事長。於二〇〇一年（平成十三年）六月轉任最高顧問一職。

二〇一〇年（平成二十二年）二月起，接管經營不善的日本航空（JAL、現為日本航空株式會社），擔任董事長。歷經執行長職務，在兩年八個月內達成公司再度上市的目標，於二〇一三年（平成二十五年）四月起轉任榮譽董事長。

另一方面，一九八四年（昭和五十九年）四月，基於「對世間與眾人有所貢獻，乃是為人至高無上之作為」的個人理念，以私人財產設立了稻盛財團，並擔任理事長。

自隔年的一九八五年（昭和六十年）起，開始表彰對人類社會進步發展具有卓越貢獻的人士，贈與全球性的「京都獎」，並以日本國內青年研究員為對象，提供與研究相關的協助。

此外，由於對年輕經營者的培育有著強烈關注，於一九八三年（昭和五十八年）創辦「盛和塾」。以塾長身分，對海內外七十九所學堂（海外有二十五所）、共九千多名年輕經營者，傳授經營與經營者所應有之樣貌的相關論述。

主要著作有《京瓷哲學》、《生存之道－對人而言最重要的事》、《成功的要義》、《稻盛和夫的實學：經營與會計》、《稻盛和夫：愈挫愈勇的自傳》、《你的願望必會實現：稻盛和夫寫給二十一世紀孩子們的書》、《稻盛和夫工作法：平凡變非凡》、《努力，認真地活著》、《成功與失敗的法則》等等。

※稻盛和夫官方網站（https://www.kyocera.co.jp/inamori/）

※本書以NHK BS Premium 於二〇一四年二月九日所播放的「一百年訪談錄——經營者．稻盛和夫」節目內容為原稿底本而集結成冊。

國家圖書館出版品預行編目（CIP）資料

稻盛和夫　一個想法，改變人生（新裝紀念版）／稻盛和夫著；葉小燕譯. -- 第二版. -- 臺北市：天下雜誌股份有限公司，2024.11
240 面；14.8×21 公分. --（天下財經；545）
譯自：考え方ひとつで人生は変わる
ISBN 978-626-746-800-5（平裝）

1. CST：稻盛和夫　2. CST：企業家　3. CST：傳記

783.18　113003654

天下財經 545

稻盛和夫　一個想法，改變人生（新裝紀念版）

考え方ひとつで人生は変わる

作　　者／稻盛和夫 Kazuo Inamori
譯　　者／葉小燕
封面設計／Dinner Illustration
內文排版／顏麟驊
責任編輯／胡恆穎、蔡佳純、呂美女、賀鈺婷、張齊方
校　　對／余亮闇、鐘立賢、鮑秀珍
資料照片提供／京瓷株式會社、第二電電（KDDI）、日本航空株式會社、神崎順一

天下雜誌群創辦人／殷允芃
天下雜誌董事長／吳迎春
出版部總編輯／吳韻儀
專書總編輯／莊舒淇（Sheree Chuang）
出版者／天下雜誌股份有限公司
地　　址／台北市 104 南京東路二段 139 號 11 樓
讀者服務／（02）2662-0332　　傳真／（02）2662-6048
天下雜誌 GROUP 網址／ http://www.cw.com.tw
劃撥帳號／ 01895001 天下雜誌股份有限公司
法律顧問／台英國際商務法律事務所・羅明通律師
印刷製版／中原造像股份有限公司
總 經 銷／大和圖書有限公司　電話／（02）8990-2588
出版日期／ 2024 年 11 月 27 日第二版第一次印行
定　　價／ 420 元

書號：BCCF0545P
ISBN：978-626-746-800-5（平裝）

直營門市書香花園　地址／台北市中山區建國北路二段 6 巷 11 號　電話／02-2506-1635
天下網路書店　shop.cwbook.com.tw　電話／02-2662-0332　傳真／02-2662-6048

天下雜誌
觀念領先